madoi

新しい発見はこんなふうに

円居

大変な時、この本を手に取ってくださった方々に心より感謝いたします。わずかでも参考になり、お役に立てていただけましたら嬉しいです。

事態の一刻も早い収束を祈念しつつ。

二〇二〇年四月

2

はじめに

初めての著者「旬野菜の発酵ごはん」を出版させていただいてから、2年が経ちました。

この間にいろいろなことが大きく変わりました。私が基盤にしている「発酵食」はますます世間に広まり、麹のテレビコマーシャルを見ない日はありませんし、スーパーやお店に塩麹や甘酒が並んでいるのはもう当たり前です。発酵食をめぐる環境が、学び始めた当時（7年前）とは様変わりしたことに驚きます。

私の「発酵ごはんの教室madoi」も、その恩恵にあやかって？（笑）、静岡県内はもとより遠くからも本当にたくさんの生徒さんが通ってくれています。そして昨年6月に自宅兼アトリエ「カモシヤ」もでき、この春には娘も小学校に入学して、さあ仕事に子育てにもっと頑張ろう！と思っていた矢先のこと、生活は一変しました。新型コロナウイルスの感染が列島を襲ったのです。

緊急事態宣言を受けて教室は中止に。休校で通学できない娘と2人、家で過ごす日々が始まりました。日常の一部だった教室が突然開けなくなって、いろんなことを考えさせられました。自分に一体何ができるのか、これからの新しい世界にどう向き合っていけばよいのか。これほど迷い立ち止まったことは、過去になかったと思います。

でも、元来の楽天的な性格のおかげか、私が悲観して落ち込むことはありません。こんな時代だからこそ、これからますます腸を鍛え免疫力を高める「発酵食」の必要性は強くなっていく！と今、確信しています。こんなタイミングだからこそ、第2弾レシピ本を出せることに、きっと意味があるのだと。

3

もくじ

発酵はおいしい！

醤油、味噌、みりん、納豆やヨーグルト、ワインにチーズ…。
私たちの食生活は当たり前のように発酵食に囲まれています。
塩麹や甘酒はブームにもなり、発酵食というコトバもさらに身近になった今、
もう一度深く発酵を学んでみませんか。

□発酵ってなんだろう

　そもそも発酵とは、カビ、細菌、酵母などの微生物（菌）のチカラによって、
そのものの栄養素を増やし、旨味をアップさせる仕組みのこと。
　たとえば、麹菌は素材に含まれるたんぱく質を分解し、旨味のもとであるア
ミノ酸を作り出します。

たんぱく質 → アミノ酸に

　　　　　　酵母は果物のブドウ糖を分解してアルコールを作り出し、

アルコールに

乳酸菌は乳糖を分解して乳酸を作り出します

糖分 →

乳糖

これらが発酵の仕組みです。

ヨーグルトに

□発酵の効果

　発酵を経るとおいしくなるだけでなく、さまざまな健康効果が生まれます。
腸内環境のバランスを整える作用に加え、免疫機能の向上や中性脂肪を抑制し
てくれる役割、疲労回復効果など、健康や美容に嬉しい効果ばかりなのです。

□発酵と腐敗

　美味・保存・健康など人間に益を与えてくれる微生物の活動は
発酵ですが、発酵もピークを過ぎると「腐敗」に変わります。味
がまずくなったり酸っぱかったり、変なにおいがしたりする場合
は食中毒を起こす危険があります。十分注意して、発酵と仲良く
付き合ってください。

きをつけてね！

今こそ発酵パワーが必要ですぞ！

日本は発酵の国

※本書は第1弾「旬野菜の発酵ごはん」に続く、第2弾のレシピ本として、醤（ひしお）や変わり甘酒など、新しい発酵ごはんを提案しています。内容が難しいと感じたら、ぜひ第1弾の本を読んでみてくださいね。

□麹菌は日本の国菌（金）

　食材や風土と深く関わる発酵。カビが発生しやすい温暖多湿な気候で、米を蒸して食す文化の日本だからこそ生まれたのが麹菌です。

　実は日本の「国菌」になっています。「国菌」を定めている国は世界に見当たらず、この制度は日本独自のようです。それほど日本人は麹菌を特別視し、大切にしているのでしょう。

　麹菌は「アスペルギルス・オリゼー」という学名があり、加熱した穀物や豆類につくカビの一種です。菌糸から酵素を出してデンプンやたんぱく質を分解し、糖類やアミノ酸を増やします。蒸した米や麦、大豆などの穀物に麹菌を培養・増殖させたものが"麹"となり、醤油や味醂などの元になります。

□手づくりするおもしろさ

　私たちの常在菌も一人ひとり違い、同じ日にお味噌を作っても、その人の持つ常在菌と発酵させる場所や環境によって全く味や出来上がりが変わります。だからこそ発酵食のおもしろさがあるのだと思います。スーパーで甘酒も塩麹も買えますが、ぜひ手づくりできるものは挑戦してみてください。

□米麹から作られる食品

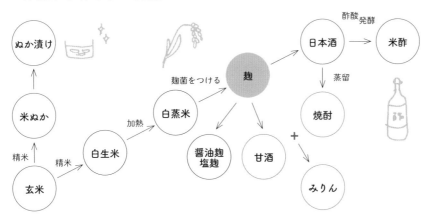

醤料理
ひしお

醤 の 作 り 方

　醤（ひしお）は、大豆麹と麦麹を合わせて作る「醤麹」に、醤油、水を加え発酵させて作る調味料です。醤油と味噌の中間のような味で、グルタミン酸などの旨味と甘みがあり、どんな料理でもたちまちおいしくなる万能調味料です。一度使うと虜になる人続出！それほど魅力があります。簡単に作ることができるのでぜひ手づくりしてみてください。

醤

醤麹はネットなどでも購入できます。私は静岡市の「鈴木こうじ店」さんで、大豆と麦をオリジナルブレンドした『madoi スペシャル醤麹』を作ってもらっています

材料：作りやすい量
醤麹 ・・・300g
醤油 ・・・300g
水 ・・・150cc

作り方
1. 醤麹を手でほぐす
2. 醤油と水を加え、拝むように手を合わせながらすり混ぜる
3. 清潔な容器に入れて毎日１度しっかりかき混ぜて常温で置く
（夏場は 3~4 日、冬場は１週間ほど）
4. 麹が水分を吸ってとろりとしたら完成

※常温でも保存できますがカビやすいので冷蔵保存がおススメです
※出来上がったらハンドブレンダーでペースト状にすると
料理に使いやすいです

POINT

乾物からも良いだしが出るので、戻し汁も捨てずに使います。五香粉はお好みで

醤と乾物おこわ

材料：4人分
もち米 ・・・ 2合
切り干し大根 ・・・ 50g くらい
干し椎茸 ・・・ 3〜4個
にんじん ・・・ 小1本
きのこ ・・・ 1パック
五香粉 ・・・ 小さじ1
醤 ・・・ 大さじ2
白だし ・・・ 大さじ2（p69参照）
塩 ・・・ 少々
乾物の戻し汁 ・・・ 150cc

作り方
1. もち米は洗って30分以上浸水させておく
2. 干し椎茸と切り干し大根は水で戻して絞っておく
   （戻し汁はとっておく）
3. にんじんときのこは好みの大きさに切る
4. フライパンに油をひいて2と3を炒める
5. 4に水気を切ったもち米を入れて炒める
6. 醤と白だしと五香粉で味付けをし、乾物の戻し汁
   を入れ、汁気がなくなるまで炒める
7. 6を蒸籠に移し替え、20分蒸す
8. 塩をふり、味を整える

ちゃちゃっとね！

柿とかぶの醤マリネ

POINT

冬の時期の甘いかぶと硬めの柿を
使って作ってみてください。マーマ
レードジャムはお好みのジャムに代
用可能です

材料：4人分
かぶ ・・・ 1個
柿 ・・・ 1個
りんご ・・・ 1/2個
塩 ・・・ 少々

◎マリネ液
醤 ・・・ 大さじ2
マーマレードジャム ・・・ 大さじ1
米酢 ・・・ 大さじ2
菜種油 ・・・ 大さじ2
塩 ・・・ ひとつまみ

作り方
1. 野菜と果物は食べやすい大きさに切って、塩少々を
　 振り、水気が出たら絞っておく
2. マリネ液を混ぜたら、1と混ぜて15分ほど冷蔵庫
　 で寝かせる

白玉団子の枝豆すり流し

材料：4人分

◎白玉団子
白玉粉 ･･･50g
絹豆腐 ･･･50g
塩麹 ･･･大さじ1

◎餡
くるみ ･･･片手でつかむくらい
ねり胡麻 ･･･大さじ2
醤 ･･･大さじ2

◎すり流し
枝豆 ･･･1束
牛乳（豆乳）･･･300cc
塩麹 ･･･大さじ2
水 ･･･100cc

作り方
1. 白玉粉は豆腐と塩麹を混ぜ、耳たぶくらいの柔ら
   かさに練る。刻んだくるみと醤とねり胡麻を混ぜた
   餡を入れて包み、熱湯で茹でておく（お湯の中に白
   玉を入れて浮いてきたら出して冷水にとり冷やして
   おく）
2. 枝豆は沸騰したお湯で4分ほど茹でて、さやから
   出しておく
3. ボウルに枝豆・水・牛乳・塩麹を入れ、ハンドブ
   レンダーでなめらかになるまで撹拌する
4. おわんに白玉を入れ、3のすり流しを注ぐ

POINT

白玉を作るときに水分が足りないよ
うなら、水を足してくださいね

POINT

余ったひじきペーストは冷凍できます。パンに塗ったり、コロッケの中に入れたり隠し味に使ってください

ひじきとアスパラの春巻き

材料：作りやすい量

◎ひじきペースト

乾燥ひじき ・・・ 7gくらい

にんにく ・・・ 1かけ

玉ねぎ ・・・1/2個

オリーブ ・・・ 3〜4個

醤 ・・・ 大さじ2

○レンコン・アスパラ・もち・とろけるチーズ・春巻きの皮

作り方

1. 水で戻して絞ったひじきとみじん切りにしたニンニク・玉ねぎを油で炒める

2. 刻んだオリーブと醤を入れてフードプロセッサーで混ぜ合わせペースト状にする

3. レンコンは縦に切り、アスパラは3等分くらいに、もちも細長く切っておく

4. 春巻きの皮に縦に切ったレンコン、アスパラをのせて、ひじきペースト（大さじ2）
   とチーズを塗り、もちをのせて包み、180℃の油で揚げる

青菜と油揚げの醤和え

材料・4人分
青菜 ・・・ 1束
油揚げ ・・・ 2枚
くるみ ・・・ ひとつかみ
A
　醤 ・・・ 大さじ2
　練りごま ・・・ 大さじ2
　甘酒 ・・・ 大さじ2
　醤油 ・・・ 大さじ1〜2

作り方
1. 青菜はさっと茹でて水に放ち、絞って切っておく
2. 油揚げとくるみをフライパンで乾煎りする
3. Aの調味料をすべて混ぜて1と2を和える

POINT

時間が経つとしんなりしてしまう
ので、和えたらすぐに食べてく
ださいね

自家製辣油の和え麺

材料：作りやすい量
◎自家製辣油
ショウガ ・・・ 1かけ
にんにく ・・・ 1かけ
白ねぎ ・・・ 1/2 本
浜納豆 ・・・ 大さじ 1 （豆鼓でも）
唐辛子 ・・・ 5~7g
はちみつ（きび糖）・・・15g
ごま油 ・・・60g
菜種油 ・・・60g
フライドオニオン ・・・30g
醤 ・・・ 大さじ 2

◎ごまダレ
自家製辣油 ・・・ 大さじ 2
味噌 ・・・ 大さじ 2
甘酒 ・・・ 大さじ 2
練りごま ・・・ 大さじ 2
塩 ・・・ 少々

作り方
1. ショウガとにんにく、白ネギ、浜納豆はみじん切りにしておく
2. 鍋にごま油と菜種油と1を入れて香りがたったら、残りの材料を入れて弱火で焦がさないよう10分ほどくつくつ煮て自家製辣油を作る
3. ごまダレの材料をすべて合わせる
4. お好みの麺に3のごまマダレを和える
5. そぼろやナムルなどを作り、自家製辣油をお好みの生野菜（水菜、パクチーなど）と一緒に盛り付ける

POINT

麺は「卵麺」がおススメ。今回は乾物の卵麺をさっと戻して使いました。唐辛子は韓国産を使うと、辛みだけでなく甘みもつくのでおススメです

◎厚揚げときのこのそぼろ
厚揚げ ・・・ 1丁
しいたけ ・・・2 個
甘酒 ・・・ 大さじ 2
ナンプラー ・・・ 大さじ 2
白たまり醤油 ・・・ 大さじ 1

1. 粗いみじん切りにした厚揚げときのこを強火で炒めパラパラにする
2. 調味料で味付けする

◎にんじんと紫キャベツ塩麹和え
にんじん ・・・ 小 1 本
紫キャベツ ・・・ 1/4 個
塩麹 ・・・ 各大さじ 1
酢 ・・・ 各大さじ 1

それぞれを千切りにし、塩麹とお酢でよく揉み込み少したったら水気を絞る

◎きくらげ
乾燥きくらげ・・・20g
醤・・・大さじ1

乾燥きくらげは水で戻し、水気を絞り、大きめの千
切りにしてからフライパンで炒めて醤で和える

◎もやしナムル
もやし・・・1袋
ごま油・・・小さじ1

もやしはたっぷりのお湯でさっと茹でて冷水で冷や
し、水気を絞りごま油で和える

自家製なめ茸

材料：4人分
えのき ・・・ 2パック
醤 ・・・ 大さじ4
日本酒 ・・・ 大さじ4
みりん ・・・ 大さじ3

作り方
1. えのきは石づきを取り、3等分に切る
2. えのきと調味料を鍋に入れて弱火でくつくつ10分ほど煮る
3. 火を止め、冷めてとろみがついたら完成

──────────── POINT

出来上がったら冷蔵庫で一晩おくと、いっそうおいしくなります。3〜5日ほど冷蔵で保存可能です

醤と根菜と
雑穀のスープ

材料：4人分
にんじん・・・小1本
にんにく・・・1かけ
ごぼう・・・1/2本
大根・・・1/5本
セロリ・・・1本
麦・・・大さじ3
茹で大豆・・・1カップ
菜種油・・・大さじ2
醤・・・大さじ3
ナンプラー・・・大さじ2
塩・コリアンダー・・・適量

作り方
1. 野菜は1cm角ぐらいに大きさを合わせて切る
2. 鍋に菜種油をひき、みじん切りしたにんにくと切った野菜を炒める
3. 麦、大豆を2に入れてひたひたになるまで水を注ぐ
4. 醤を入れて野菜が柔らかくなるまで煮る。火を止めてからナンプラー
   とコリアンダー、塩を入れて味を整える

──────────── POINT

ナンプラーと醤がだし代わり！雑穀か
らも旨味が出ます！

19

冷凍豆腐のベジナゲット

材料：4人分
冷凍豆腐 ・・・ 1丁
A
　ショウガのすりおろし ・・・ 1かけ分
　日本酒 ・・・ 大さじ1
　醤 ・・・ 大さじ2
　ごま油 ・・・ 小さじ1
　オールスパイスまたはナツメグ（お好み）

片栗粉 ・・・ 大さじ3

作り方
1. 木綿豆腐はパックの中の水を捨て、冷蔵庫で凍らせておく
2. 冷凍豆腐を解凍し、手でちぎりよく絞る
3. Aの調味料を豆腐に揉み込む
4. 片栗粉を混ぜて丸めてから、180℃の油で揚げる

POINT
_____

冷凍した豆腐はしっかり水切りを。
絞りが甘いと油の中ではねるので気
を付けて！

変わり甘酒料理

変わり甘酒の作り方

　スタンダードな甘酒を作れるようになったら、次に挑戦してほしいのが野菜や雑穀を使った変わり甘酒！麹以外の甘みや栄養も加わるのでスーパー調味料になります

　どれも傷みやすいので、出来上がったら冷蔵して1週間以内に使い切る。もしくは冷凍をおススメします

　ヨーグルトメーカーなどの発酵器があると手軽に作れますが、ない場合は炊飯器の保温機能を使うなどしてください

雑穀甘酒

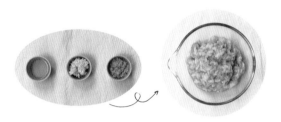

材料：作りやすい量
炊いた雑穀・・・300g
米麹・・・300g
60℃のお湯・・・300ml

※雑穀は鍋にたっぷりの水に入れ、
火にかけて15分茹でておく

作り方
1. 雑穀と手でほぐした米麹、60℃のお湯を混ぜる
2. 発酵器にいれて60℃を8時間キープして糖化させる

里芋甘酒

材料：作りやすい量
米麹・・・200g
茹でた里芋・・・4〜5個
60℃のお湯・・・200ml
塩・・・少々

作り方
1. 茹でた里芋はマッシュしておく
2. 1と手でほぐした米麹、60℃のお湯を混ぜる
3. 発酵器に入れて、60℃を8時間キープして糖化させる

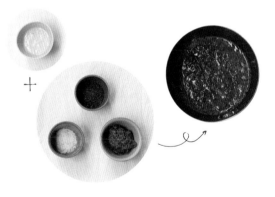

甘酒コチジャン

材料：作りやすい量
甘酒・・・100g
粉唐辛子・・・6〜10g
塩・・・3g
醤・・・大さじ2

作り方
すべての材料をよく混ぜる
※甘酒は無糖濃縮タイプを作ってください

POINT

小豆のあんこの中にくるみや甘栗を
入れるのもおススメ！

里芋甘酒団子

材料：4人分
白玉粉 ・・・70g
上新粉 ・・・30g
里芋甘酒 ・・・80 〜 100g

小豆のあんこ・ごま

作り方
1. 上新粉と白玉粉をよく混ぜてだまをつぶし、甘酒を入れてこね、耳
   たぶくらいの柔らかさにする
2. 小豆のあんこを入れてつつみ、水にくぐらせてすぐにごまをまぶす
3. 160℃くらいの低温で揚げる
   （高温では団子が破裂してしまうので注意！）

里芋ポタージュ

材料：4人分
里芋甘酒 ・・・ おたま 3 杯分
無調節豆乳 ・・・ おたま 3 〜 4 杯分
塩麹 ・・・ 大さじ 2
白醤油 ・・・ 小さじ 1
カルダモン ・・・ 少々

作り方
1. すべての材料を鍋に入れてハンドブレンダーで攪拌する
2. 温かくして飲む場合は火にかけて温める。冷やす場合は
   冷蔵庫へ
3. オリーブオイルとハーブを添える

POINT

カルダモンを少々加えると、
ぐっと大人っぽい味になり
ます

里芋甘酒のクリームキッシュ

手順

1. タルトを作る
2. アパレイユを作る
3. 具材を切る（マッシュルーム 3 個とレンコン 1 節を薄切りに）
4. クランブルを作る
5. 空焼きしたタルトに切った野菜を並べて、アパレイユを入れ、上にクランブルをのせたら、予熱した 170℃のオーブンで 30 分焼く

◎タルト生地　材料：15㎝タルト 1 台分

A

| 小麦粉・・・60g
| 全粒粉・・・40g
| 米粉・・・30g

B

| 菜種油・・・25g
| 練りごま・・・10g
| 豆乳・・・30g
| 塩・・・少々

1. A の材料を混ぜて目の細かい粉ふるいでふるっておく
2. B の材料をよく混ぜて乳化させる
3. A と B をさっくりと混ぜる
4. 綿棒で伸ばし、型に入れて、フォークでピケする
5. 冷蔵庫または冷凍庫で 1 時間以上休ませる
6. 生地を冷たいまま 170℃に温めたオーブンで 30 分空焼きする

◎アパレイユ

材料

水切りした木綿豆腐 ···300g

里芋甘酒 ···100g

味噌 ··· 大さじ1

小麦粉 ···20g

塩麹 ··· 大さじ2

作り方

1. すべての材料をハンドブレンダーで攪拌する

◎クランブル

材料

A

　小麦粉 ···50g

　アーモンドプードル ···50g

　塩 ··· 少々

B

　菜種油 ···30g

　里芋甘酒 ···20g

作り方

1. AとBはそれぞれ合わせておく

2. AとBを手でボロボロとさせながらすり混ぜる

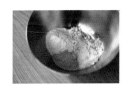 

POINT

工程が多く手間のかかるタルトですが、クリーミーでおいしいですよ!クランブルの代わりにとろけるチーズでもOKです!

ベジホワイトシチュー

材料：4人分
玉ねぎ・・・1個
きのこ・・・1パック
米粉・・・大さじ2
無調整豆乳・・・300cc
雑穀甘酒・・・大さじ3
白だし・・・大さじ2（p69 参照）

白味噌・・・大さじ1
塩・胡椒・・・適量
お好みの蒸し（焼き）野菜

POINT

米粉の代わりに小麦粉でもOK。米粉の方がだまになりにくい！チーズをのせて焼いてグラタンにしてもよし！

作り方
1. 玉ねぎ、きのこはみじん切りにし、油でよく炒めて味噌で味付けする
2. 1に米粉を入れて素早く混ぜ、豆乳を少しずつ加える
3. とろみがついてきたら甘酒と白だしを入れてさらに練る
4. 3のシチューを皿に注ぎ、野菜（蒸すか焼くかお好みで）を添える

トマトソースのクリームコロッケ

材料：4人分

◎クリームコロッケ
玉ねぎ・・・1個
カリフラワー・・・1/4個
じゃがいも・・・小２個
雑穀甘酒・・・大さじ２
味噌・・・大さじ１

バッター液・パン粉
◎トマトソース
トマト缶（カット）・・・1缶
雑穀甘酒・・・大さじ２
塩麹・・・大さじ２
赤味噌・・・大さじ１

※バッター液
揚げ物を作るときに使う小麦粉・卵・
水を混ぜた衣の生地のこと

作り方
1. 玉ねぎとカリフラワー、じゃがいもは細かく切り、蒸籠で蒸す
2. 蒸した野菜を軽くつぶし、甘酒と味噌と和え、俵形に成形
3. バッター液とパン粉をつけて 180℃の高温でカラッと揚げる
4. トマトソースの材料をすべてハンドブレンダーで攪拌する
5. 皿にソースを流し込み、コロッケをのせる。お好みでサワークリー
   ムをのせる

POINT

クリームコロッケの味は淡泊なので、
ソースを絡めるとちょうどいい味加減に
なります

雑穀白和え

材料：4人分
◎白和え衣
水切り木綿豆腐 ・・・ 半丁
雑穀甘酒 ・・・ 大さじ2
味噌 ・・・ 大さじ2
ごま ・・・ 大さじ2
塩 ・・・ 少々

◎和える野菜
こんにゃく ・・・1枚
パプリカ ・・・1個
ピーマン ・・・2個
醤油 ・・・ 大さじ1

作り方
1. ごまをすった後、他の材料もすべてすり混ぜて、 和え衣を作っておく
2. こんにゃくは細切りにし、油をひいたフライパンでチリチリしてくる
　 までよく炒めたら、醤油をまわしかける
3. 2にパプリカとピーマンを入れて軽く炒める
4. 3を冷ましてから和え衣と和える

POINT
こんにゃくはしっかり炒めた方が断然おい
しい！15分くらい頑張ってください！

大根の甘酒コチジャン炒め

材料：4人分
◎タレ
甘酒コチジャン ・・・ 大さじ1
味噌 ・・・ 大さじ1
練りごま ・・・ 大さじ1
みりん ・・・ 大さじ1
にんにくのすりおろし ・・・ 1かけ分

大根 ・・・1/4本
ゆでタケノコ ・・・ お好み量

作り方
1. 大根とゆでタケノコは、食べやすい大きさに切る。
   油をひいたフライパンで大根からじっくり焼く
2. タレの材料をすべて混ぜて、焼いた大根とタケノ
   コを和える

POINT

大根の代わりに長芋やウド、アスパラ
などの野菜でも！

トムヤムクンスープ

材料：4人分
水煮タケノコ ・・・ 1/2 袋
しいたけ ・・・ 2 〜 3 個
ピーマン ・・・ 4 個
香草 ・・・ お好みの量

甘酒コチジャン
・・・ 大さじ 3
白だし ・・・ 大さじ 2
（p69 参照）
ココナッツミルク
・・・ 約 400cc
水 ・・・ 約 400cc

作り方
1. タケノコとピーマンは縦に細切りし、しいた
   けは薄く切っておく
2. 鍋に油をひいて 1 を軽く炒め、コチジャン・水・
   白だしを入れて野菜が柔らかくなるまで煮る
3. ココナッツミルクを入れてさらに煮る
4. 香草をたっぷりのせる

POINT

ココナッツミルクを豆乳に替
えると、さらにあっさりした
スープになります！

甘酒コチジャンのビビンバ

手順

1. コチジャンのタレを作る

2. ベジそぼろを作る

3. ナムルのタレを作る

4. それぞれの野菜をナムルのタレで和える

5. ごはんを器によそい、2と4とコチジャンのタレ、
   お好みでゆで卵などをのせる

◎コチジャンタレ
材料：4人分
甘酒コチジャン・・・小さじ1
醬・・・大さじ2
はちみつ・・・大さじ1
にんにく、ショウガのすりおろし
・・・各1かけ分

作り方
すべての材料をよく混ぜる

◎ベジそぼろ
材料：4人分
厚揚げ・・・1枚
しいたけ・・・2〜3個
ごま油・・・大さじ1
コチジャンタレ・・・大さじ2〜3

作り方
1. 厚揚げとしいたけは細かく切っておく
2. フライパンにごま油をひき、1をぽろ
　ぽろになるまで炒める
3. コチジャンタレで味付けする

◎野菜のナムルタレ
材料：作りやすい量
塩麹・・・大さじ6
昆布茶・・・大さじ1
ごま油・・・大さじ4

◎ナムルの野菜
ほうれん草・・・1束
もやし・・・1袋
にんじん・・・1本
紫キャベツ・・・1/4個
レンコン・・・1節

作り方
1. ほうれん草は茹でて絞り、ナムルタレ
　大さじ1.5で和える
2. もやしも茹でて絞り、ナムルタレ大さ
　じ1で和える
3. にんじんは千切りし、塩と砂糖をふっ
　て揉み、水気を絞り、ナムルタレ大さじ
　2で和える
4. 紫キャベツは千切りし塩もみして水気
　を絞り、ナムルタレ大さじ1.5で和える
5. レンコンは薄切りにして、ごま油で炒
　めて、ナムルタレ大さじ1で和える

変わり塩麹料理

変わり塩麹の作り方

塩と水と麹で作るシンプルな塩麹は、もはや定番！ここではそんな塩麹をアレンジした新しい塩麹を紹介します。どれもとても簡単なので、ぜひ作ってみてください！

きのこ塩麹

材料：作りやすい量

米麹・・・150g　きのこ・・・200g
塩・・・25g　日本酒・・・50g
みりん・・・50g

作り方

1. しめじやエリンギなどお好みのきのこに
日本酒とみりんをふりかけて
きのこがしんなりするまで煮る
2. 米麹を手でよくほぐし、60℃くらいまで冷めた1と混ぜる
3. 毎日かき混ぜて常温で1週間（夏場は4日ほど）
または発酵器60℃で8時間かけて発酵させる
出来上がったら冷蔵保存。1週間以内に使い切る

トマト塩麹

材料：作りやすい量

米麹・・・90g　　塩・・・30g
トマト缶（カット）・・・120g

作り方

1. 米麹を手でよくほぐし、塩を加え混ぜてから
トマト缶を入れて混ぜる
2. 毎日かき混ぜて常温で1週間（夏場は4日ほど）
または発酵器60℃で8時間かけて発酵させる
出来上がったら冷蔵保存。1カ月以内に使い切る

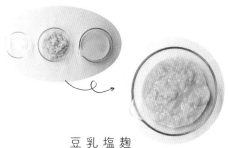

豆乳塩麹

材料：作りやすい量

米麹・・・90g
塩・・・30g
無調整豆乳・・・120g

作り方

1. 米麹を手でよくほぐし、塩を加え混ぜてから
豆乳を入れて混ぜる
2. 毎日かき混ぜて常温で3〜5日（夏場は3日ほど）
または発酵器60℃で8時間かけて発酵させる
出来上がったら冷蔵保存。1カ月以内に使い切る

塩エビフライもどき

POINT ————

えのきをよく炒めると少し魚らしい香りが出ます。生春巻きの皮は水で戻しすぎると巻きにくいので、少し硬いくらいでOK!

材料：4人分
玉ねぎ ･･･1個
えのき ･･･1パック
にんにく ･･･1かけ
ゆで大豆 ･･･ おたま1杯分くらい
きのこ塩麹 ･･･ 大さじ2
醬 ･･･ 大さじ2

生春巻きの皮（小）･･･8枚
バッター液（p29参照）・パン粉

作り方
1. 玉ねぎは薄切りにし、にんにくはみじん切り、えのきは石づきをとり3等分にしておく
2. 油を入れたフライパンで1を10分ほどこげないようによく炒める
3. ゆで大豆も入れて、きのこ塩麹と醬で味付けする
4. 生春巻きの皮で海老フライの形をイメージして3を包み、バッター液にくぐらせてパン粉をつけ180℃くらいの油でカラッと揚げる

きのこ塩麹と胡桃の炊き込みごはん

POINT
水の量は炊くものによって
加減してください!

材料：4人分
米 ・・・3合
きのこ ・・・ お好みで好きな量
くるみ ・・・ 2つかみくらい
きのこ塩麹 ・・・ 大さじ3
白しょうゆ ・・・ 大さじ2
水 ・・・570cc くらい

作り方
1. 米は洗って浸水させておく
2. きのこは手でさいておく。くるみは大きめに刻む
3. 土鍋に、米と2と調味料と水を入れて火にかけ
　　15分加熱し、火を止めて15分蒸らす

ベジオムレツ

材料：4人分
玉ねぎ ・・・1/2 個
じゃがいも ・・・ 小 1 個
里いも ・・・1 個
かぼちゃ ・・・1/8 個くらい
パプリカ ・・・1 個
ブロッコリー ・・・1/3 房
きのこ塩麹 ・・・ 大さじ 2

◎卵液
卵 ・・・4 個
豆乳 ・・・ 大さじ 2
きのこ塩麹 ・・・ 大さじ 1

作り方
1. 野菜は 1cm 角くらいにそろえて切り、硬いものから順に油をひい
   たフライパンで炒める
2. 野菜がまだ少し硬いくらいできのこ塩麹を入れてさらに炒める
3. 卵液をボウルに作り、2 を熱いうちに入れて混ぜる
4. 再度フライパンに油をひき、3 を入れて熱し、少し固まってくる
   まで混ぜてから蓋をして蒸し焼きにする

POINT ─────────
塩味のシンプルなオムレツです。
ケチャップなどをお好みで付けて

ベジオムライス

塩麹と甘酒、麹の栄養たっぷりの、
砂糖を使わないオムライスです

材料：4人分
◎発酵ケチャップ
トマト缶・・・1缶
玉ねぎ・・・1個
セロリ・・・1/2本
にんにく・・・1かけ
醤・・・大さじ2
甘酒・・・大さじ2
オールスパイス・・・適量
トマト塩麹・・・大さじ2

作り方
1. 野菜はすべてみじん切りにしておく
2. 鍋に油を少しひき、にんにくを入れて香りがたったら他の野菜
　 も入れてよく炒める
3. トマト缶・醤・甘酒・トマト塩麹を入れて10分くらい煮る
4. ハンドブレンダーで撹拌し、オールスパイスで香り付けする

◎ベジオムライス
玉ねぎ・・・1個
ごぼう・・・1/2本
レンコン・・・1節
にんじん・・・小1本
トマト塩麹・・・小さじ1

ごはん・・・2合分
発酵ケチャップ・・・大さじ4くらい

◎とろとろ卵
卵・・・4個
甘酒・・・大さじ2
みりん・・・大さじ1
豆乳・・・大さじ3
塩・・・少々

作り方
1. 玉ねぎはみじん切りにする
2. ごぼう・レンコン・にんじんは食べやすい大きさにうす切りする
3. フライパンで1と2を炒めてトマト塩麹で味付けする
4. ごはんと混ぜて発酵ケチャップで味付けする
5. 卵を溶き、甘酒・みりん・豆乳・塩と混ぜてフライパンでとろ
　 とろ卵をつくる
6. 4のごはんに、5のとろとろ卵をかける

材料：4人分
◎トマトドレッシング
トマト・・・1個
トマト塩麹・・・大さじ1.5
にんにくのすりおろし・・・1かけ分
オリーブオイル・・・30cc
ハーブ塩・・・少々

トマト・・・2個
イチゴ・・・3〜4個
マスカルポーネチーズ・ハーブ・・・お好みの量

トマトとイチゴの赤いサラダ

作り方
1. トマトドレッシングの材料はすべてハンドブレンダーで撹拌する
2. トマトとイチゴは適当な大きさに切っておく
3. 皿に1のソースをしき、上に2を置き、マスカルポーネチーズやハーブを散らす

POINT

イチゴは横に切ると切り口がかわいいです。トマトは糖度の高いものを使ってください

塩麹漬け豆腐のフライ

材料：4人分
豆腐フライ
水切り木綿豆腐 ･･･1丁
塩麹 ･･･ 大さじ2
味噌 ･･･ 大さじ2
バター液（p29 参照）･パン粉

◎トマトタレ
トマト塩麹 ･･･ 大さじ2
トマト ･･･ 小1個
玉ねぎ ･･･1/4個
オリーブ ･･･2〜3個

作り方
1. 塩麹と味噌は混ぜておく
2. 水切りした豆腐の全面に1を塗り、ラップをして保存容器に入れる
3. 冷蔵庫で3日以上寝かす
4. 寝かした豆腐をお好みの大きさに切り、バター液・パン粉の順で付けてから180℃の高温でカラッと揚げる
5. みじん切りにして水にさらし水気を絞った玉ねぎと、ざく切りにしたトマト・トマト塩麹・オリーブを混ぜてトマトタレを作り、豆腐のフライにかける

POINT

塩麹漬けの豆腐は漬け込むほどにチーズのようになります。2〜3日間ほど漬け込んでください

グリーンカレーとナン

材料：4人分
◎グリーンカレーペースト
ピーマン・・・4〜5個
にんにく・ショウガ・・・各1かけ
白味噌・・・大さじ2

菜種油・・・大さじ2
柚子胡椒・・・小さじ1/3
甘酒・・・大さじ2
豆乳塩麹・・・大さじ1
カレー粉・コリアンダー・クミン・・・各大さじ2
胡椒・・・少々

◎グリーンカレー
玉ねぎ ･･･ 1 個
なす ･･･ 1 本
しめじ ･･･ 1 パック
グリーンカレーペースト ･･･ 全量
ナンプラー ･･･ 大さじ 1 〜 2
ココナッツミルク ･･･1/2 缶
豆乳塩麹 ･･･ 大さじ 1
豆乳 ･･･200g
塩・胡椒 ･･･ 少々

作り方
1. 鍋に油をひきスライスした玉ねぎを炒め、しんなりしたら細長く切ったなすとしめじを加える
2. ペースト・ナンプラー・ココナッツミルク・豆腐塩麹・豆乳を 1 に加え、野菜が柔らかくなるまで煮込む。塩・胡椒で味を整える

材料：3 枚分
◎甘酒とヨーグルトのナン
強力粉 ･･･80g
ベーキングパウダー ･･･3g
A
  ヨーグルト ･･･40g
  甘酒 ･･･20g
  豆乳塩麹 ･･･ 小さじ 1
  菜種油 ･･･ 小さじ 1

作り方
1. 強力粉とベーキングパウダーを合わせて振るって、A を混ぜてから加える
2. 1 を耳たぶの柔らかさになるくらいまでこねる
3. 2 をボウルに移してラップをし、室温で 20 分ほど休ませる
4. 打ち粉をしたら 3 等分して、3 〜 4 回折りたたんでから薄くのばす
5. フライパンに油をひき、弱火で両面を焼く

POINT
―――――――――――
甘酒が入ったナンは焦げやすいので、弱火で焼いてください。焼きたてはモチモチですよ！

作り方（グリーンカレーペースト）
1. ピーマンはザク切りにし、にんにくとショウガも細かく切っておく
2. ペーストのすべての材料をフードプロセッサーで撹拌する

厚揚げココナッツ煮

材料：4人分
厚揚げ・・・1丁
白菜・・・1/6束くらい
きのこ・・・1パック
豆乳塩麹・・・大さじ2
ココナッツミルク・・・200cc
白だし・・・大さじ2（p69参照）

作り方
1. 厚揚げは6等分くらいに切り、野菜は食べやすい大
   きさに切っておく
2. フライパンで1を軽く炒め、豆乳塩麹・白だし・コ
   コナッツミルクを入れて野菜が柔らかくなるまで煮る

POINT ───────
厚揚げは熱湯を回しかけ、油抜きを
しておくと味のしみ込みがよくなりま
すよ

米粉ケークサレ

材料：18cm パウンド型

米粉 ・・・150g
ベーキングパウダー ・・・4g
卵 ・・・2 個
菜種油 ・・・70g
きび糖 ・・・10g
豆乳塩麹 ・・・ 大さじ 1
豆乳ヨーグルト ・・・50g
無調整豆乳 ・・・40g
玉ねぎ ・・・ 小さじ 1 個
オリーブ ・・・5 〜 6 粒
パプリカ ・・・1/2 個
白味噌 ・・・ 大さじ 1

作り方

1. 薄切りにした玉ねぎをよく炒め、オリーブとパプリカを加え、さらに炒めたら味噌で味付けしておく
2. 米粉をベーキングパウダーと混ぜておく
3. 卵をほぐし、きび糖と混ぜ、豆乳塩麹・ヨーグルト・豆乳を入れて最後に菜種油を入れて乳化させる
4. 2 と 3 をよく混ぜる（米粉は混ぜるほどなめらかになる）
5. 1 の野菜と混ぜてパウンド型に流し込み、180℃のオーブンで 30 分〜 35 分焼く

POINT

マフィン型で焼くのもおススメ！その場合は焼き時間を 5 〜 7 分短くしてくださいね

変わり味噌料理

変わり味噌

お豆と麹と塩で作るお味噌。大豆だけでなくいろいろなお豆で作るお味噌を紹介します。常温で1カ月、発酵器なら1日で完成する手前味噌！ぜひチャレンジしてみてください

※出来上がった味噌は冷蔵保存がおすすめです。
酸っぱくならないうちに食べ切ってください

小豆味噌

材料：作りやすい量
小豆・・・100g（乾燥の状態で）
麹・・・200g
塩・・・20 〜 30g
小豆の煮汁・・・20cc くらい

作り方
1. 小豆はたっぷりの水から煮て、沸騰したら一度こぼす（渋切り）
2. 圧力鍋に1の小豆とたっぷりの水を入れて圧をかけて
小豆が柔らかくなるまで煮る
（圧力鍋使用で圧がかかってから5分ほどで火を止める）
3. 米麹と塩を手でよく混ぜておく
4. 小豆が冷めたらすり鉢などに移し、よく潰す
5. 3と潰した小豆に煮汁を少しずつ入れながら
よく混ぜていく
6. げんこつくらいの味噌玉を作り、発酵器または
清潔なビンに空気が入らないように詰めていく
発酵器→ 60℃で8時間おく
ビン→常温で1カ月寝かせる
（カビやすいので夏場などは3週間くらい）

ひよこ豆味噌

材料：作りやすい量
ひよこ豆缶詰・・・1缶（豆と煮汁）
米麹・・・300g
塩・・・20g

作り方
1. ひよこ豆はすり鉢などでよく潰す（煮汁をとっておく）
2. 米麹を手でほぐし、塩を混ぜておく
3. 潰したひよこ豆に2を混ぜて、
煮汁を少しずつ入れながら手でこねるように混ぜていく
4. げんこつくらいの味噌玉を作り、発酵器または
清潔なビンに空気が入らないように詰めていく
発酵器→ 60℃で8時間おく
ビン→常温で1カ月寝かせる
（カビやすいので夏場などは3週間くらい）

車麩の味噌カツ

材料：4人分
車麩 ・・・4 枚
ショウガとにんにくのすりおろし ・・・ 各 1 かけ分
ひよこ豆味噌 ・・・30g くらい
ナッツ ・・・30g くらい
バッター液（p29 参照）・パン粉

◎味噌タレ
好みの味噌 ・・・ 大さじ 2
ウスターソース ・・・ 大さじ 2

ごま ・・・ 好きなだけ

作り方
1. 車麩はぬるま湯で戻し、よく絞って水気を切り 4
   等分にしておく
2. ショウガとにんにくのすりおろし、ひよこ豆味噌、
   刻んだナッツをすべて混ぜて 1 の表面に薄くぬる
3. バッター液に 2 をつけてパン粉をまぶす
4. 180℃の油でカラッと揚げる
5. ごまをすり、味噌とウスターソースを入れてタレ
   を作り、揚がったフライにかける

POINT

車麩の代わりに高野豆腐や大豆たんぱくの
お肉などでもおいしいですよ！

切干大根は水で洗う程度で完全に戻さないで
くださいね！こりこりとした食感が楽しめます！

切干大根とオリーブのマリネ

材料：4人分
切干大根 ･･･ 40g くらい
オリーブ ･･･ 4 〜 5 個
紫玉ねぎ ･･･ 小 1 個

◎マリネ液
ひよこ豆味噌 ･･･ 大さじ 2
米酢 ･･･ 大さじ 2
菜種油 ･･･ 大さじ 2
ハーブ塩 ･･･ 少々

作り方
1. 切干大根は洗っておく。オリーブは輪切りに、玉ねぎは薄切りにし、水に放っておく
2. マリネ液の材料をすべて混ぜる
3. 水気を絞った玉ねぎと切干大根、オリーブとマリネ液を混ぜる

ひよこ豆味噌の米粉パンケーキ

材料：2枚分
米粉・・・100g
ベーキングパウダー・・・5g
卵・・・1個
絹豆腐・・・50g
無調整豆乳・・・50g
甘酒・・・30g
ひよこ豆味噌・・・大さじ1

作り方
1. 米粉とベーキングパウダーは混ぜておく
2. 卵を卵黄と卵白に分けて、卵白を泡立ててメレンゲを作る
3. 卵黄の方に豆腐・豆乳・甘酒・味噌を入れてハンドブレンダーで撹拌する
4. メレンゲと3を混ぜてから、1とさっくり合わせる
5. 熱したフライパンで両面がこんがりするまで弱火で焼く

POINT

味噌と甘酒の甘さで何もつけなくてもほんのり甘いパンケーキです。おかずにもおやつにも！

小豆おこわ

材料：4人分
もち米 ・・・ 1.5 合
小豆味噌 ・・・ 大さじ 2
お好みの炊いた豆 ・・・ おたま 1 〜 2 杯
白だし ・・・ 大さじ 1（p69 参照）
日本酒 ・・・ 大さじ 2
水 ・・・100cc

作り方
1. もち米は 30 分以上浸水させて水気を切る
2. フライパンに 1 のもち米とその他の材料をすべて
   入れ、強火にかけて水気がなくなるまで混ぜながら
   炒める
3. クッキングシートなどをひいた蒸籠に移し替えて
   15 分蒸す

POINT
───────────────

気軽に作れるお赤飯のようなおこわで
す。白米を半分混ぜても OK です！

南瓜かぼちゃと小豆のいとこ煮

材料：作りやすい量

小豆 ・・・ 150g

水 ・・・ 2カップ

かぼちゃ ・・・ 1/4カット

小豆味噌 ・・・ 大さじ2

みりん ・・・ 大さじ2

きび糖 ・・・ 大さじ3〜4

塩 ・・・ 少々

作り方

1. 小豆はたっぷりの水の鍋に入れて沸騰したらこぼし、渋切りをする

2. 圧力鍋に小豆を入れて水を2カップ入れたら火にかけて、圧がかかってから5分加熱する

3. 圧が下がったら面取りしたかぼちゃと調味料を入れて、かぼちゃが柔らかくなるまで小豆と一緒に煮る（水が足りなかったら足す）

POINT

小豆味噌の塩味で十分ですがお好みで塩を足しても！漬してクリームチーズと合わせたサンドイッチもおススメです！

甘栗と小豆味噌の甘酒饅頭

材料：6 個分
薄力粉 ・・・100g
ベーキングパウダー ・・・ 小さじ 1
塩 ・・・ ひとつまみ
甘酒 ・・・30g
豆乳 ・・・30g
豆乳ヨーグルト ・・・ 大さじ 1 〜 2
菜種油 ・・・ 大さじ 1

◎餡
小豆味噌 ・・・ 大さじ 1
くるみ ・・・2 つかみくらい
きなこ ・・・ 大さじ 2
甘栗 ・・・4 〜 5 個

作り方
1. 薄力粉とベーキングパウダー、塩を混ぜる
2. 甘酒、豆乳、豆乳ヨーグルト、菜種油をよく混ぜる
3. 1 と 2 を合わせてよくこねてから 30 分ほど冷蔵庫で
   休ませる
4. 小豆味噌とくるみ、きなこと甘栗を混ぜて餡を作っ
   ておく
5. 3 を 6 等分し、丸めてから手のひらサイズに伸ばす
6. 5 の生地で 4 の餡を包み、蒸籠で 12 分蒸す

POINT

蒸す時は、お湯がぼこぼこしない程度の
火加減にしてください！火が強すぎるとお
饅頭が割れてしまいます

まだマンションに住んでいたとき、いつかは自分の家を建てたいな…とぼんやりとは思っていました。でも、先立つものもないし夢で終わるのだろうな、と諦めていました。

それがいろいろなタイミングが重なって、あれよあれよという間に現実となったのです。今思い返せば、家ができるまでの展開はまるでビデオ映像の早送りを見るようでした。

JR静岡駅から徒歩15分くらいの好立地にある夫の実家。ウナギの寝床のような細長い土地に、義母と私たち家族が住む二世帯住宅を建てることに決まり、それならこの際アトリエもつくっちゃえと、発酵ごはんの料理教室アトリエ兼住居の設計に掛かったのです。夫と義母は最初の段階から私にすべてを委ねてくれました。まず、建築家さんに伝えたのは、「"よい菌が増える家"にしたい！」でした。こんなオーダーをした施主なんて、後にも先にもきっといないでしょうね（笑）

何度も何度も建築家さんと話し合って、アイデアを出し合いながら図面を描いていきました。奥行き40m以上はある土地にあえて平屋造り。中庭や天窓を設けて明かりをとり、三角形の吹き抜け屋根は日本の蔵をイメージして風の通りを良くしました。味噌やぬか床が発酵しやすいよう、床はモルタルの土間。建具は光や音を穏やかに通す障子…。"菌を醸す"ためのこだわりは挙げればきりがないくらい（笑）

でも一番は、大きなスペースを占める長い長いキッチン。この家の主役は間違いなくキッチンなのです。棚にはお気に入りの土鍋やざる、そして実家を解体した時に出てきた葛籠を並べ、古いものと新しいものが混然一体となって唯一無二の場所「醸屋：カモシヤ」が出来上がりました。

家づくりは想像以上に難しかったけれど、とてつもなく楽しかったです!!!

この家に住んで1年が経とうとしています。春も夏も秋も冬も、それぞれ違った顔を見せてくれるカモシヤに、ますます愛着が深まっていきます。この家が大好きでたまりません。こんな場所を作れたこと、そのコンセプトを私に任せてくれた夫と義母、建築家さん、建設会社の皆さまに感謝でいっぱいです。

1
カモシヤのこと

発酵野菜料理

発 酵 野 菜 の 作 り 方

　野菜を塩水に漬けることで乳酸発酵が進みます。日が経つと酸味を感じるのは乳酸発酵している証拠。ほんのり酸っぱい野菜をいろんな料理にアレンジしていきましょう

※できた発酵野菜は冷蔵庫に入れて2週間以内に食べきる。旨味が付く昆布や鰹節、香りが付くハーブなどを一緒に入れるのもおすすめ

発 酵 野 菜

材料：作りやすい量
野菜・・・500g
塩・・・大さじ1
水・・・600cc
※野菜はレモン・紫玉ねぎ・キャベツなど

作り方
1. 野菜は食べやすい大きさに切っておく
2. 水に塩を入れて溶かしておく
3. 清潔なビンに野菜を入れて2を注ぐ
4. 軽く蓋をして常温で1〜2日置く
5. 泡が出て水が濁ったら完成

レンズ豆と玉ねぎのサラダ

材料：4人分
レンズ豆 ･･･ 1 カップ
紫キャベツ ･･･ 1/4 個
発酵紫玉ねぎ（具のみ）･･･ 大さじ 2〜3

◎ドレッシング
発酵玉ねぎ（汁ごと）･･･ 大さじ 2
にんにくのすりおろし ･･･ 1 かけ分
オリーブオイル ･･･ 大さじ 2
米酢 ･･･ 大さじ 1
味噌 ･･･ 大さじ 2
ハーブソルト ･･･ 少々
塩・胡椒 ･･･ 少々
乾燥ひじき ･･･ 大さじ 1

作り方
1. レンズ豆はたっぷりのお湯で 15 分茹でて、ざるにあげておく
2. 乾燥ひじきは水で戻して絞っておく
3. 紫キャベツは千切りし、塩を少々ふってもみ、水気が出たら絞る
4. ドレッシングの材料をフードプロセッサーで撹拌する
5. すべての材料を混ぜ合わせる

ガスパチョ

材料：4人分
発酵玉ねぎ（汁ごと）・・・大さじ3
トマト・・・小4個くらい
にんにく・・・1かけ
きゅうり・・・1/2本
セロリ・・・1/2本
食パン・・・8枚切り1枚
水・・・100cc
菜種油・・・大さじ2
塩麹・・・大さじ1
塩・胡椒・・・少々

作り方
1. トマトはお尻に十字を入れて熱湯に入れ湯
　むきをする
2. みじん切りにしたにんにくと、ちぎった食
　パンを水に浸しておく
3. きゅうりは皮をむき、他の野菜も同じく適
　当な大きさに切る
4. すべての材料をハンドブレンダーで撹拌し、
　塩・胡椒で味を整えて冷蔵庫で冷やす

POINT ─────────
スイカを入れても美味しいです。
水切りヨーグルトやサワークリーム
を浮かべてさわやかに！

ベジ餃子

材料：作りやすい量
発酵玉ねぎ（中身のみ）・・・大さじ4〜5
キャベツ・・・3枚くらい
レンコン・・・1節
タケノコ・・・150gくらい
しいたけ・・・2〜3個
オイスターソース・・・大さじ2
醤・・・大さじ1
高野豆腐パウダー・・・大さじ2
餃子の皮

作り方
1. キャベツはみじん切りにして塩を少々振り、もんでおく
2. レンコンはすりおろし、水気を絞っておく
3. 他の野菜も大きめのみじん切りにする
4. ボールに発酵玉ねぎ、水気を絞ったキャベツ、その他の
   野菜を入れてオイスターソースと醤で味つけしたら高野豆
   腐パウダーをまぶす
5. 4を餃子の皮で包み、油をひいたフライパンに並べて中火
   で焼いて、焦げ目が付いたら水を適量入れて蓋をして5
   分ほど焼く

POINT

高野豆腐パウダーがなければお
からパウダーでもできます！揚げ餃
子にしても美味しいです！

POINT

ソースをパスタとからめる時にパスタの
ゆで汁をおたま1杯分入れるとマイル
ドになります

檸檬（レモン）クリームパスタ

材料：2人分
パスタ ・・・200g
ニンニク ・・・ 1 かけ
玉ねぎ ・・・1/2 個
きのこ ・・・1 パック
パセリ ・・・ 適量
アーモンドプードル ・・・ 大さじ 2 〜 3
発酵檸檬（汁ごと）・・・ 大さじ 2
白だし ・・・ 大さじ 1
生クリーム ・・・50cc
無調整豆乳 ・・・50cc
塩・胡椒 ・・・ 少々

白だし
| 日本酒 ・・・100g
| みりん ・・・100g
| 昆布 ・・・10g
| かつお節 ・・・15g
| 白醤油 ・・・50g
| 塩 ・・・ 大さじ 1

白だしの材料を鍋に入れて 30 分以上置く。鍋を火に
かけて沸騰しないように灰汁をとりながら 5 分ほど
煮てから冷まし、濾す。

作り方
1. 発酵檸檬は汁ごとハンドブレンダーでペースト状
   にしておく
2. パスタを茹で始める
3. ニンニクはみじん切り、玉ねぎは薄切り、きのこ
   は手でさきフライパンでよく炒める
4. 3 にアーモンドプードルを入れて炒めてから、発酵
   檸檬・白だし・生クリームと豆乳を入れて、塩で味
   を整える
5. 茹でたパスタをからめてパセリを散らす

お豆とセロリと檸檬のマリネ

POINT

お好みでデイルやタイムなどのスパイス
を入れて！ビン詰めにすれば冷蔵庫で
1 週間ほど日持ちします！

材料：4人分
お好みのゆで豆・・・200g くらい
セロリ・・・1 本
パプリカ・・・1 個
きゅうり・・・1 本

◎マリネ液
発酵檸檬（汁ごと）・・・大さじ 1
菜種油・・・大さじ 3
酢・・・大さじ 2
甘酒・・・大さじ 2
塩麹・・・大さじ 1
にんにくのすりおろし・・・1 かけ分

作り方
1. 野菜は 1cm くらいの角切りに切る
2. マリネ液の材料をすべて合わせる
3. マリネ液と 1 の野菜を和える

厚揚げとキャベツの檸檬鍋

材料：作りやすい量
厚揚げ・・・1丁
白菜・・・1/2束
きのこ・・・1パック
切干大根・・・10〜20ｇくらい
発酵檸檬（汁ごと）・・・大さじ2
白だし（p69参照）・・・大さじ3

ナンプラー・・・大さじ2
水・・・500ccくらい

作り方
1. 厚揚げと野菜は食べやすい大きさに切っておく
2. 鍋に水と調味料をすべて入れて、煮立ったら野菜を入れ、柔らかくなるまで煮る

POINT

レモンの酸味がきいた爽やかなお鍋です。フォーや中華麺を入れてもよく合いますよ！

POINT ————————

切干大根は洗うだけで戻さないで。春
雨を入れても!

乾物とキャベツの春巻き

材料:4人分

発酵キャベツ（具のみ）・・・おたま2杯分くらい
切干大根・・・30gくらい
茹でタケノコ・・・1/4個
パプリカ・・・1個
ピーマン・・・2個
塩麹・・・大さじ2～3
春巻きの皮

作り方

1. 切干大根はさっと洗っておく。発酵キャベツは水
   気を絞っておく
2. タケノコ・パプリカ・ピーマンは太めの千切りに
   しておく
3. 1と2をフライパンで炒めて塩麹で味付けし、春
   巻きの皮で包み、180℃の高温でカラッと揚げる

POINT ——————
サンドイッチやホットドッグの
具としても重宝します！

ザワークラウト

材料 : 作りやすい量
発酵キャベツ（具のみ）・・・おたま 3 杯分
きび糖 ・・・ 小さじ 1
米酢 ・・・ 小さじ 1
キャラウェイシード・クミンシード

作り方
1. 発酵キャベツはビンから取り出して水気を絞っておく
2.1 のキャベツときび糖・米酢・お好みのスパイスを和える

ベジメンチカツ

材料：4人分
冷凍豆腐 ･･･ 1丁
発酵キャベツ（具のみ）･･･ 大さじ3〜4
ショウガのすりおろし ･･･ 1かけ分
日本酒 ･･･ 大さじ1
味噌 ･･･ 大さじ1
ごま油 ･･･ 大さじ1
片栗粉 ･･･ 大さじ3
ナツメグ ･･･ 少々
バッター液（p29参照）
パン粉

作り方
1. 冷凍した豆腐は解凍し、水気をよく絞りつぶしておく
2. 水気を絞った発酵キャベツと豆腐、すりおろしたショ
   ウガ、調味料を手でもみ込みながらよく混ぜる
3. 丸く成形し、バッター液、パン粉の順に付けて180℃
   の高温でカラッと揚げる

POINT

豆腐は必ず冷凍したもの
を硬く絞ってから使ってく
ださいね！お肉の代わりで
す！

味醂粕と甘酒の発酵菓子

76

味醂粕の作り方

　みりんを搾るときに出る「味醂粕」は、梅の花に形が似ていることから"こぼれ梅"とも呼ばれています。クセが少なく、甘みが強いのでお菓子に最適です

味醂粕ペースト

材料：作りやすい量
味醂粕・・・200g
水・・・100cc

作り方
1. 鍋に味醂粕と水を入れて弱火にかけてよく練る
2. 冷めたら保存容器に入れ、冷蔵庫で保存する

※味醂粕が手に入らずペーストが作れない場合は、
無糖豆乳ヨーグルトで代用できます。ぜひ作ってみてください

スパイスキャロットケーキ

材料：18cm パウンド型 1 本分

A

小麦粉 ･･･100g
ベーキングパウダー ･･･ 小さじ 1/2
重曹 ･･･ 小さじ 1/4
シナモン ･･･ 少々
オールスパイス ･･･ 少々

B

卵 ･･･1 個
きび糖 ･･･50g
菜種油 ･･･50g
味醂粕ペースト ･･･30g
甘酒 ･･･30g
にんじん ･･･1 本
味醂漬けレーズン ･･･30g
くるみ ･･･ ひとつかみくらい

◎シロップ
日本酒 ･･･ 大さじ 2
みりん ･･･ 大さじ 2

下準備
レーズンはひたひたに味醂をかけて 1 日以上おいておく
オーブンは 180℃に温めておく
にんじんはスライサーで細かく切っておく
A の材料を合わせてふるっておく
シロップを混ぜておく

作り方
1. 卵をほぐし砂糖と混ぜて、湯せんにかけながら人肌に温める
2. 油を加え乳化させ、味醂粕ペースト・甘酒・にんじん・レーズン
　を入れて混ぜる
3. A とくるみも入れて、さっくり混ぜる
4. 型に入れ、予熱した 180℃のオーブンで 30 分焼く
5. 焼き上がったら熱いうちにシロップをたっぷりかける
6. 冷蔵庫で冷やす

◎フロスティング

水切りヨーグルト ･･･50g	レモン汁 ･･･ 小さじ 1
水切り豆腐 ･･･50g	きび糖 ･･･30g
	白みそ ･･･ 小さじ 1

すべての材料をハンドブレンダーで撹拌する

1日冷やしておくと味醂がなじみ、ケーキの生地がしっとりします。

味醂粕と甘酒のガトーショコラ

材料：4人分

A
| 小麦粉 ・・・70g
| 全粒粉 ・・・30g
| 無糖ココアパウダー ・・・30g
| アーモンドプードル ・・・40g
| ベーキングパウダー ・・・ 小さじ1

B
| 水切り木綿豆腐 ・・・80g
| 味醂粕ペースト ・・・40g
| 甘酒 ・・・50g
| きび糖 ・・・60g
| 白味噌 ・・・ 小さじ1
| 豆乳 ・・・130g
| 菜種油 ・・・50g

◎シロップ
みりん ・・・ 大さじ2
メイプルシロップ ・・・ 大さじ1

下準備
Aの材料を合わせてふるっておく
オーブンを170℃に温めておく
シロップを合わせておく

作り方
1. Aの材料を合わせてふるっておく
2. Bの材料を順番にフードプロセッサーに入れて撹
   拌する
3. 1と2を素早く混ぜる
4. お好みの型に入れて170℃に予熱したオーブンで
   40分焼く
5. 焼き上がったらシロップをかける
6. 冷蔵庫で冷やす

POINT

生地の中にオレンジピールやドライイチジクなど
を入れてもおいしいですよ！よく冷やして召し上が
りください

POINT

成形する時、薄くし過ぎると焼き上がり
が硬くなってしまうので気をつけてくだ
さい！チョコチップやあんこを入れるの
もおススメです

米粉と味醂のビスコッティ

材料
米粉 ・・・100g
ベーキングパウダー ・・・4g
きび糖 ・・・40 g
卵 ・・・ 1 個
菜種油 ・・・15g
無調整豆乳 ・・・ 大さじ 1
味醂粕ペースト ・・・ 大さじ 1

味醂漬けオレンジピール・
ナッツ・シナモン・カルダモン

下準備
オレンジピールは味醂をひたひたに注ぎ、
1 日以上おいておく
お好みのナッツを砕いておく

作り方
1. 米粉とベーキングパウダーを混ぜる
2. 卵をほぐし、きび糖・菜種油・豆乳・味醂粕ペー
   ストと混ぜて乳化させる
3. 1 と 2 をよく混ぜる。オレンジピールやナッツ、ス
   パイスも入れ、さらに混ぜる
4. 3 を 2 つに分け、長方形にし、180℃のオーブンで
   20 分焼く。取り出して 1.5cm くらいの幅で切り分
   けてから 150℃のオーブンでさらに 20 分焼く

米粉檸檬マフィン

材料：作りやすい量

米粉 ･･･150g

ベーキングパウダー ･･･ 小さじ1

卵 ･･･1個

きび糖 ･･･50g

菜種油 ･･･60g

味醂粕ペースト ･･･20g

甘酒 ･･･50g

豆乳 ･･･20g

レモン汁・レモンの皮 ･･･1/2個

アーモンド ･･･ お好みで

下準備

オーブンを180℃に温めておく

作り方

1. 米粉とベーキングパウダーは混ぜておく

2. 卵を割りほぐし、その他の材料もすべてよく混ぜる

3. 1と2を合わせてマフィン型に入れる

4. お好みでスライスアーモンドなどをちらす

5. 180℃のオーブンで20分焼く

POINT

米粉は混ぜるほどになめらかな食感になるので頑張って混ぜてくださいね！

砂糖なしの甘さ控えめ!
お好みでクリームやフルーツ、黒みつ
などを添えて召し上がってください!

甘酒味噌ブランマンジェ

材料:4人分
豆乳 ･･･350g
甘酒 ･･･150g
生クリーム ･･･50g
みりん ･･･ 大さじ2
練りごま ･･･ 大さじ1〜2
メイプルシロップ ･･･ 大さじ3〜4
菜種油 ･･･ 小さじ1
粉寒天 ･･･5g
塩 ･･･ 少々

作り方
1. すべての材料を鍋に入れて弱火で熱し、沸騰した
   ら火を弱めて3分ほどかき混ぜながら加熱する
2. 冷めたら容器に移し、冷蔵庫で冷やし固める

米粉シフォンケーキ

材料：4人分
米粉 ･･･80g
卵 ･･･4個
きび糖 ･･･40g
甘酒 ･･･30g
菜種油 ･･･30g
塩麹 ･･･ 小さじ 1

下準備
オーブンを 180℃に温めておく

作り方
1. 卵は卵白と卵黄に分けておく
2. きび糖の 2/3 を卵白に混ぜて硬めのメレンゲを立てる
3. 卵黄に残りのきび糖・甘酒・菜種油・塩麹を入れて混ぜる
4. 3 に米粉を入れてよく混ぜる
5. 2 のメレンゲをひとすくい、4 に入れて混ぜてから全部を混ぜる
6. 180℃のオーブンで 15 分、160℃に下げて 10 分焼く

POINT

甘酒が入っているので、あまり膨らみませんが、
しっとりしたケーキになります

2 器や道具のこと

「器はどこで買うのですか？」と料理教室の生徒さんに
よく聞かれます。アトリエで使っている器たちは、かれ
これ10年以上コツコツと買い足したもの。旅先だったり、
作家さんの個展だったり、クラフト市だったり、素敵な
お店だったり、いろいろです。好きなテイストが昔から
あまり変わらないので、ビビッとくるものもハッキリし
ていて、好きなものを見かけたら器や料理道具に関して
は、値段に関係なく躊躇せずに買う！（笑）器は特に一
期一会だな、と思っています。

　出会った器作家さんはたくさんいますが、中でも益子
の広瀬佳子さんは特別な存在。最初のアトリエを構え、
料理教室をスタートしようとしていた6年前、静岡の手
創り市に器を見に行った時に広瀬さんのブースに立ち寄
りました。そこにあった洋皿（広瀬さんの代表作で後に
かなり希少価値のある人気のお皿になるのですが）に一
目ぼれして、十数枚を購入。ひとりでたくさん買う私に
驚いた広瀬さんと話が弾み、仲良くなりました。そこか
らSNSなどで交流が始まったのですが、広瀬さんはあれ
よあれよという間に大人気作家に！それを目の当たりに
した私は広瀬さんの洋皿を眺めながら、「私の目に狂いは
なかった」とほくそ笑むのでした（笑）
　料理教室で広瀬さんの器を使うと皆さんに「いいな〜」
と言われます。人気があってなかなか購入することがで
きない器。でも皆さんにも使ってほしい！そんな思いを
広瀬さんに伝えたら、静岡で初めての個展をうちのアト
リエで開催することになったのです。たくさんのお客様
がいらしてくれた時は感無量でした。

　器は料理やお菓子をおいしく見せてくれますし、いい
道具はストレスをなくしてくれます。
　毎日長い時間キッチンにいるからこそ、いちばん居心
地のいい空間にするために、いい器といい道具は必要不
可欠。これからも自分の"好き"を信じて、ひとつずつ
買い足していきたいと思っています。

発酵な一日

朝ごはん

発酵ジャム 3 種

◎酒粕クリームチーズ

材料：作りやすい量

絹ごし豆腐 ・・・ 1/2 丁
ココナッツオイル ・・・ 大さじ 2
甘酒 ・・・ 大さじ 2
酒粕 ・・・ 大さじ 2
レモン汁 ・・・ 大さじ 1
塩 ・・・ 少々

作り方

1. すべての材料をフードプロセッサーで撹拌
   する
2. 塩で味を整える

◎苺みりんジャム

材料：作りやすい量

イチゴ ・・・ 1 パック
みりん ・・・ 大さじ 3 〜 4

作り方

1. イチゴは小さく切って鍋に入れてみりんを
   振りかけて 30 分以上置く
2. 鍋で焦がさないように煮詰める

◎米粉チョコクリーム

材料：作りやすい量

米粉 ・・・ 40g
純ココア ・・・ 大さじ 3
豆乳 ・・・ 400ml
甘酒 ・・・ 50g
きび糖 ・・・ 50g
菜種油 ・・・ 小さじ 2
ラム酒 ・・・ 大さじ 2
塩 ・・・ 少々
ココナッツミルク ・・・ 大さじ 2

作り方

1. すべての材料を鍋に入れ、ハンドブレンダーで
   撹拌する
2. 練りながらクリーム状になるまで 10 分ほど弱火
   にかける
3. 冷蔵庫で冷ます

POINT

チョコクリームが余ったら冷凍庫で
凍らせるとチョコアイスになります

酒粕まるぱん

材料：6~8個分

強力粉・・・200g

A

　酒粕・・・20g

　甘酒・・・15g

　ぬるま湯・・・120cc

　塩・・・3g

　ドライイースト・・・3g

　菜種油・・・15g

打ち粉用米粉・・・少々

下準備

オーブンを200℃に温めておく

作り方

1. Aの材料をボウルに入れてよく混ぜる
2. 1と強力粉を混ぜて、よくこねる
3. 1を保存容器に入れ、30～40℃で1時間程度発酵させる
4. 生地を6～8等分し、丸めてからオーブン鉄板に並べる。霧吹きをしてふんわりとふきんをかけ、10分ほど室温で二次発酵させる
5. 茶こしで米粉をかけてから、200℃のオーブンで10分ほど焼く

POINT
トウモロコシや枝豆、くるみ , チョコチップなどお好みで混ぜてもおいしいです！

ニース風サラダ

材料：4人分
◎酒粕クリームチーズドレッシング
A
| 絹ごし豆腐 ・・・1/2丁
| ココナッツオイル ・・・ 大さじ2
| 甘酒 ・・・ 大さじ2
| 酒粕 ・・・ 大さじ2　レモン汁 ・・・ 大さじ1
| 塩 ・・・ 少々
こめ油（菜種油）・・・ 大さじ2
米酢（ビネガー）・・・ 大さじ2

◎サラダ材料
グリーンリーフ・パプリカ・エンドウ豆・かぼちゃなど

作り方
1. Aの材料をハンドブレンダーで撹拌し、酒粕クリーム
　チーズを作る（p92と同じものです）
2. こめ油と米酢を1に混ぜてドレッシングを作る
3. お好みで用意したサラダにかける

POINT
酒粕クリームチーズは冷蔵庫で3日ほど日持
ちしますが、水が出るのでなるべく早めに召し
上がってください！水切りした豆腐を使うと水
が出にくいです！

POINT
粒マスタードの酸味が意外なスー
プです。お野菜は冷蔵庫に残っ
ているものなんでもいいですが、
ごぼうは入っていた方がおいしい
ですよ！

雑穀と野菜のスープ

材料：4人分
ごぼう・・・1/2 個
セロリ・・・1/2 本
大根・・・1/4 本
にんじん・・・小 1 本
乾燥レンズ豆・・・100g
塩麹・・・小さじ 1
白だし・・・大さじ 2（p69 参照）
水・・・1000cc くらい
粒マスタード・・・大さじ 1
ナツメグ・コリアンダー適量

下準備
レンズ豆はさっと洗っておく

作り方
1. 野菜はすべて 1cm くらいの角切りに
   し、鍋に油をひいて炒める
2. レンズ豆・水・スパイス・白だし・
   粒マスタードを入れて 15 分煮る
3. 塩・胡椒で味を整える

ゆかりガレット

材料：4人分
じゃがいも・・・3 個
塩麹・・・小さじ 1
ゆかり・・・大さじ 1
片栗粉・・・大さじ 2
とろけるチーズ・・・大さじ 2
クルミ・・・ひとつまみ

作り方
1. じゃがいもは薄切りにしてから千
   切りにしておく
2. すべての材料をよく混ぜる
3. フライパンに押しつけながらこん
   がりするまで両面焼く

POINT

じゃがいもは千切りしたら水にさらさないでくださ
い。デンプンがくっつける役割をしてくれます！ゆか
りがなければ梅干し（小 1 個）をたたいたもので
も OK ！

なめこの冷製茶わん蒸し

材料：4人分
なめこ ・・・1袋
豆乳 ・・・160g
ココナッツミルク ・・・ 大さじ1
白だし ・・・ 大さじ3（p69参照）
日本酒 ・・・ 大さじ3
甘酒 ・・・ 大さじ3
葛粉 ・・・10g
粉寒天 ・・・2g

なめこはたっぷりのお湯でさっと湯がいておく

作り方
1. 湯がいたなめこと他の材料をすべてハンドブレン
　 ダーで撹拌する
2. 1を鍋に入れて沸騰直前まで温めて型に流し入れ、
　 冷蔵庫で20分ほど冷やす

POINT

ココナッツミルクが苦手な方は
豆乳だけでもOK！

昼ごはん

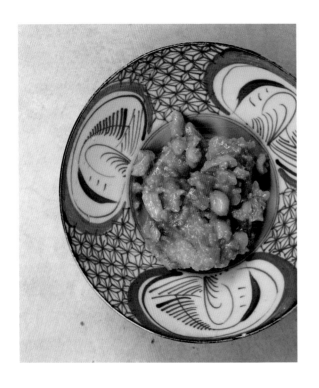

車麩の南蛮ナッツ和え

材料：4 人分
車麩 ･･･4 枚
片栗粉 ･･･ 適量

◎米酢餡
きび糖 ･･･ 大さじ 2
みりん ･･･ 大さじ 2
日本酒 ･･･ 大さじ 3
醤油 ･･･ 大さじ 2
米酢 ･･･ 大さじ 2
片栗粉 ･･･ 小さじ 1
ピーナッツ ･･･ 大さじ 2

作り方
1. 車麩はお湯でもどして硬く絞り、片栗粉を
   はたいて高温の油で硬くなるまで揚げる
2. 餡の材料をすべて混ぜてフライパンに入れ
   て熱し、とろみをつける
3. 揚げた車麩を餡にからめる

POINT
_____

車麩の替わりにテンペ（大豆をテンペ菌で発酵させた
もの）やグルテンミートなどで作ってみても OK

焦がし葱と豆腐の醬スープ

材料：4 人分
長ねぎ ･･･1 本
豆腐 ･･･1 個
ショウガ ･･･1 かけ
水 ･･･500ml くらい
醬 ･･･ 大さじ 2
白醤油 ･･･ 大さじ 1 〜 2
ナンプラー ･･･ 小さじ 1
ゆず

作り方
1. 鍋に油をひき、みじん切りにしたショウガを炒め、
   小口切りにしたねぎも入れて、ねぎが茶色くなるま
   で炒める
2. 1 に水・醬・白醤油・ナンプラー・さいの目に切っ
   た豆腐も加えて煮る
3. ゆずの搾り汁と皮を加える

POINT
_____

ねぎを茶色くなるまで炒めることで甘みが出て
ラーメンのスープみたいになりますよ！

ベジ五目ちらし寿司

POINT ───
甘酢の材料は合わせたら
必ず火にかけてください。
熱せずにご飯にかけてしま
うと甘酒の酵素のチカラで
リゾットみたいにベチャベ
チャになってしまいます

◎酢飯

材料：4人分

米 ・・・3合

甘酢

　甘酒 ・・・100g

　米酢 ・・・60g

　塩…大さじ 1/2

作り方

1. 米は固めに炊いておく

2. 甘酒・酢・塩を鍋に入れて熱して甘酢を作る

3. 熱いうちに2の甘酢と米を混ぜ、うちわであおぎ
   冷ます

◎ちらし寿司の具・五目煮

材料：4人分

ごぼう ・・・1/2本

にんじん ・・・1本

レンコン ・・・2節

油揚げ ・・・1枚

干し椎茸 ・・・3〜4枚

かつおだし ・・・ ひたひた弱

醤油 ・・・ 大さじ2

日本酒 ・・・ 大さじ2

みりん ・・・ 大さじ2

醤 ・・・ 大さじ1

作り方

1. ごぼうとにんじんはささがきにし、レンコンは薄
   切り、油揚げは油抜きしておく。しいたけはうすく
   切る

2. フライパンに油をひき、野菜と油揚げを炒めてから、
   だしを注ぎ、調味料で野菜を煮る

3. 野菜が柔らかくなったら火を止め冷ましておく

4. 酢飯と混ぜる

夕ごはん

和風ライスコロッケ

材料：4～6人分
ごはん・・・2合分

A
| にんにく・・・1かけ
| 玉ねぎ・・・小2個
| きのこ・・・1パック
| 塩麹・・・大さじ1

塩昆布・・・大さじ2
卵・・・2個
カマンベールチーズ
バッター液（p29参照）・パン粉

作り方
1. フライパンでみじん切りにしたにんにくと薄切り
   の玉ねぎ、きのこ、塩麹を炒める（A）
2. Aの半量と卵、塩昆布を混ぜてからご飯と合える
3. カマンベールチーズを真ん中に入れて丸い形に成
   型し、バッター液とパン粉をつけて180℃の高温で
   カラッと揚げる

◎ごぼうのクリームソース

材料：4人分
Aの材料・・・全量の半分
ごぼう・・・1本
白味噌・・・大さじ1.5
水・・・おたま1杯分
豆乳・・・適量

作り方
1. 圧力鍋でAの残り分と薄切りにしたごぼうを炒め、
   味噌で味付けし、水を入れる。
2. 火にかけて圧がかかったら1分ほどで火を止め、
   圧が下がったら豆乳と塩で味を調える
3. 2をハンドブレンダーにかけてなめらかなクリーム
   状にする

POINT
揚げたライスコロッケは冷凍できます。小さく作っ
てお弁当やおつまみにも！

なすとカリフラワーの
みりん煮

材料：4人分
なす・・・2本
カリフラワー・・・1/4個
かつおだし・・・200ccくらい
みりん・・・大さじ2
白醤油・・・大さじ2
カレー粉・・・大さじ1
にんにくのすりおろし・・・1かけ分

作り方
1. なすはところどころ皮をむき、乱切りしておく
2. カリフラワーは食べやすい大きさに切っておく
3. フライパンに油をひき、なすを焦げ目がつく程度
   に炒めたらカリフラワーを入れて、にんにく・だし・
   みりん・白醤油も注ぎお好みの硬さに煮る
4. 最後にカレー粉を入れて和える

POINT

冷蔵庫で冷やしてサラダ感覚で食べても！カリフ
ラワーは硬いくらいのほうが歯ごたえが出ます！

豆腐クリームの野菜パフェ

材料：4人分
豆腐クリーム
水切り木綿豆腐・・・1/2丁
塩麹・・・大さじ1
にんにくのすりおろし・・・1かけ分
菜種油・・・大さじ1
味噌・・・小さじ1

かぼちゃ・おくら・さつまいも・パプリカ　適量

作り方
1. 野菜は1cmくらいの角切りにし、蒸籠で蒸しておく
2. 豆腐クリームの材料をすべてハンドブレンダーで混
   ぜ合わせる
3. グラスに温野菜、クリーム、温野菜、クリームと順
   に入れて盛り付ける

POINT

ブドウや柿などのフルーツを入れても美味しいです！

夜飲みおつまみ

和風ポテトサラダ

材料：4人分
じゃがいも ･･･ 大3個
ゆで卵 ･･･2個
マヨネーズ ･･･ 大さじ3
醤 ･･･ 大さじ2
かつおぶし ･･･ ひとつかみ

作り方
1. じゃがいもは皮ごと蒸籠でふかし、熱いうちに皮をむいて潰しておく
2. ゆで卵はお好みの硬さに茹でておく
3. マヨネーズと醤を混ぜてから1と和える
4. 鰹節を混ぜて、フライドレンコンなどをお好みで散らし、ゆで卵を添える。

POINT

アンチョビを入れるとお酒がもっとすすむおつまみになりますよ!

甘酒と塩麹のかんたん漬け

材料：作りやすい量
かぶ・・・大2〜3個
柿・・・1個　カリフラワー、紫キャベツなど

塩麹・・・大さじ2
甘酒・・・大さじ2
米酢・・・大さじ2

作り方
1. 野菜はいちょう切りなど食べやすい大きさに切っておく
2. 塩麹と甘酒、お酢を小さなボウルで混ぜて1の野菜に手でもみ込む
3. 少し冷やしてからいただく

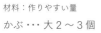
塩麹と甘酒の浸透圧で短時間でも味がしみ込む漬物サラダができます。お野菜はなんでもお好きなものを！

テンペの檸檬マリネ

材料：4人分
テンペ・・・1枚
玉ねぎ・・・1/2個
パプリカなどの野菜・・・1個

◎マリネ液
白だし・・・大さじ2（p69参照）
塩レモン（またはレモン汁）・・・小さじ1
にんにくのすりおろし・・・1かけ分
菜種油・・・大さじ1
ハーブ塩・・・少々

作り方
1. テンペは適当な大きさに切り、多めの油で揚焼きする
2. テンペを取り出したフライパンで玉ねぎとパプリカも焼く
3. マリネ液の材料を混ぜて熱いうちにテンペと野菜を漬ける

POINT
冷蔵庫に入れて1日寝かしたほうが味がしみて美味しいです！テンペが苦手な方も試してみてください！

ベジ焼売

材料：4人分
玉ねぎ ・・・ 小 1 個
レンコン ・・・ 1 節
きのこ ・・・ 1/2 パック
タケノコ ・・・ 1/4 個
キャベツ ・・・ 1/4 個
炊いた玄米 ・・・ おたま 1 杯
甘酒 ・・・ 大さじ 1
ベジ中華だし ・・・ 大さじ 3
ごま油 ・・・ 大さじ 1

焼売の皮

◎ベジ中華だし
材料：作りやすい量
鰹節 ・・・ 10g くらい
乾燥しいたけ ・・・ 5g くらい
だし昆布 ・・・ 5g くらい
切干大根 ・・・ 10g くらい
白味噌 ・・・ 大さじ 3
練りごま ・・・ 大さじ 2
醤 ・・・ 大さじ 1
ごま油 ・・・ 30g
にんにく・ショウガのすりおろし ・・・ 1 かけ分
ホワイトペッパー ・・・ 少々

すべての材料をミルなどで粉砕し混ぜる。冷蔵
庫で 1 カ月保存可能、いろいろな中華料理に！

作り方
1. 玉ねぎ・きのこ・レンコンは荒いみじん切
   りにし、ごま油で炒める
2. 細かく切ったタケノコと、塩もみし水気を
   絞ったキャベツも入れて炒め、甘酒と中華だ
   しで味付けする
3. 玄米とごま油を入れてよくこねる
4. 3 のあんを焼売の皮で包み、蒸籠で 15 分蒸す

POINT
_____

油でカラッと揚げた揚げ焼売もとてもおススメです！

がんもどき

材料：4人分
水切り木綿豆腐 ・・・ 1 丁
山芋 ・・・ 300g くらい
卵 ・・・ 1 個
味噌 ・・・ 大さじ 2
無糖ピーナッツバター ・・・ 大さじ 1
塩 ・・・ 少々
片栗粉 ・・・ 大さじ 3
カレー粉 ・・・ 大さじ 2
塩昆布 ・・・ 大さじ 2 〜 3

作り方
1. 山芋はすりおろし、その他の材料とすり鉢でよく
   混ぜる
2. 180℃の高温でカラッと揚げる

POINT
_____

無糖ピーナッツバターがいいコクを出してくれます。ごまペーストでも！
熱々を召し上がってください！片栗粉を入れ忘れないように！

3 アトリエのこと

photo by 🅞 madoi1011

大好きなこの空間にお客様がいらしてくれて、皆で笑いながら発酵ごはんやおやつを作り、食べる。

この時間は私にとって宝であり、生きがいです。

ただ発酵の良さを伝えたいわけでも。ただお料理やお菓子を学んでほしいわけでもなくて、

その日その会に集まってくださった皆さんと、このカモシヤで一期一会の円居な時間を作る…。

その時間の繰り返しが、私も家も発酵させてくれるのだと思っています。

支えてくれる皆さま、いつも本当にありがとうございます。これからも madoi をよろしくお願いします。

円居）よく行っていたフレンチレストランシェフから、教室を始めるときに「調味料にこだわったほうがいいよ」ってアドバイスをいただきました。「このみりんは絶対良いから」と勧めてくれたのが杉井酒造さんの『飛鳥山』でした。おいしい料理を作るシェフが勧めるのだから、もう絶対だなって（笑）それで使ってみたところ、案の定すごくおいしくて。以来ずっと使っています。

社長）うちでは大正時代からみりんを作っています。休んだ時期も数年ありましたが、私が杜氏になってから再スタートしたのです。20年前ぐらい前のことかなあ。当時は酒を造る蔵人はたいてい各地から出稼ぎで来ていたので

すが、私はそれを通年雇用の従業員に改めました。そうなると年間を通して従業員に仕事がほしい。で、みりん造りとなったわけです。

円居）みりん造りはお酒の仕込みの時期とは重ならないのですね。

社長）みりん専用メーカーさんは秋から春にかけて作ります。清酒メーカーさんが兼業する場合は3月まで酒造り。そして4月からみりんを造るのが一般的です。うちも4月初旬、みりんに取り掛かり、約2カ月で仕込みを終えます。

円居）先ほど話したシェフからは「静岡県内でみりんを造っているのは杉井酒造さんだけ」と聞きました。本当ですか。

社長）確かに、『飛鳥山』は県内

で生産されている唯一のみりんです。うちは大正時代に焼津の水産加工品に需要があったわけです。水産練り物の味付けにうちのみりんが使われていたと先代から聞いています。

お酒のメーカーは全国に1200ぐらいあります。対して「全国本味醂協議会」に属しているメーカーは24社ほどしかありません。製造免許が必要なのはみりんもお酒も同じ。みりん業者が少ないのはみりんは非常に高価で、マーケットが少なかったせいかもしれません。新規参入したいメーカーさんはいると思いますが、マーケットは飽和状態。新規免許は簡単に取得できません。

円居）年間どのくらい作るのです

円居さんがゆく／発酵現場レポート

唯一の県内産みりんは、飲んでおいしい本みりん
—杉井酒造のみりん「純米本味醂 飛鳥山」

円居さんが日頃愛用しているみりん「飛鳥山」。作っている人に会いたい！作っている現場を見てみたい！ファンゆえに募る熱い思い…。そこで製造元、藤枝市の杉井酒造を訪ね六代目・杉井均乃介社長にお話を伺いました。

杉井酒造
静岡県藤枝市小石川町4-6-4　TEL 054-641-0606

＊杉井酒造では販売していませんが、
　問い合わせいただければ取り扱い店を紹介してくれます

か？

社長）1本のタンクに使うお米は1200キロ。それでみりんが1800リットルできて、これを4本（タンク）仕込むので、生産量は7000～6000リットルほど。一升瓶にすると4000本足らずです。

円居）意外に少なく感じます。

社長）一升瓶で売るのはそのうちの半分。残りは小さいビンにして売ります。食にこだわりを持つ方や、料理教室の生徒さんが先生に勧められて手に取ってくださっているようです。

円居）うちの料理教室の生徒さんたちは、『飛鳥山』を一度使うと他のみりんは使わない。それぐらい違いますね。お料理の味が変わります。初めて使ったときの印象は、優しい甘さっていうのかな。それまでは他社のみりんを使っていたのだけど、甘さの感じが全然違う。つんとしないし、それでいて甘味がちゃんとつくの。

社長）糖分濃度でいえば、他社さんのみりんもうちのみりんもほとんど差がなくて、他社さんのみりんの精米歩合が90％。うちは80％精米します。10％の差なのですが10％磨くっていうことはちょっと贅沢なの。この10％の差が、きめが細かい感じにつながるのだと思います。ちなみにお酒の場合はもっと磨きます。

円居）もち米のほかに、みりんの原料といえば何ですか。

社長）米麹、そして仕込み水の代わりに本格焼酎を使います。大手メーカーさんは醸造アルコールを使う。理由は本格焼酎を使うと原価が高くなってしまうから。でもそこは譲れない。米焼酎を使うから飲んでもおいしい。そういうところに差が出ます。

円居）そうそう、飲めるみりんなんですよね、この『飛鳥山』は。いまはどういうところに卸しているのでしょうか。

社長）酒屋さんですね。一升瓶売りで、普通のみりんの倍の値段となるとなかなか売れません。ですから、こだわった商品を置く、そういう酒屋さんを中心に卸しています。

円居）私、もっともっと飛鳥山の宣伝をしますね。

搾る機械　「船」と呼ばれる搾り機でもろみを搾る

乾燥室　室温は30℃に保たれ、出来上がった麹を乾かしている

熟成した純米みりんもろみを搾らずにそのまま瓶詰め和洋中問わず、料理のアクセントに。

もちもち飛鳥山 450g　1540円
飛鳥山 500ml　990円
飛鳥山 一升瓶（1.8ℓ）2640円

◎米麹
「甘酒や塩麹を作るのに欠かせません」
🏠 鈴木こうじ店

◎ひしお麹
「"madoi ブレンド " を作ってもらっています」
🏠 鈴木こうじ店

◎無添加手づくり味噌
「白味噌に近い甘さで、どんなお料理にも合います」
🏠 鈴木こうじ店

◎調味料リスト

◎玄米生甘酒
「もちもちしていて甘さがすごい！スイーツがおいしく仕上がります」
🏠 鈴木こうじ店

※鈴木こうじ店の商品は仕込み時期により、在庫がないときもあるのでお店に問い合わせを。

◎静岡　飛鳥山みりん
「このみりんに出会ってからは、ほかのみりんは使えません」
🏠 杉井酒造　藤枝市小石川町 4-6-4　☎ 054-641-0606

◎静岡　天野醤油
「やわらかくてかどがない…、静岡人のようなお醤油です」
🏠 天野醤油　御殿場市御殿場 139-1　☎ 0550-82-0518

◎京酢　加茂千鳥
「ツーンとしない、まろやかな酸味が大好きです」
🏠 村山造酢　京都市東山区三条大橋東 3-2　☎ 075-761-3151

鈴木こうじ店

創業は慶応元年。麹づくり150年のお店は円居さん御用達。米こうじや生こうじを販売するほか、自家製味噌、手づくり味噌セット、生甘酒の素なども扱う。味噌づくり初心者向けに「味噌づくりセット 2 キロ」もあります。

静岡市駿河区高松 3079-14　☎ 054-237-1593
🕐 平日 10:00 〜 18:00 ／土曜 9:00 〜 16:00
🈚 日曜・祝日

辻村 円 プロフィール

madoi

発酵食スペシャリスト
発酵ごはんの料理教室「madoi」主宰
静岡市内の企業でオーガニックカフェやベーカリーなどの店舗立ち上げやメニュー開発の仕事に15年以上携わり、独立。出産を機に発酵食を学び、資格を取得。食のアトリエ「madoi」をオープン。野菜や雑穀と発酵調味料を使った身体に優しい発酵ごはん料理教室を開く。フードスタイリングやカルチャースクール講師なども。著書に「旬野菜の発酵ごはん」(静岡新聞社)。

「新しい発酵ごはん」
2020年6月17日初版発行

企画・編集　静岡新聞社 出版部
装丁・デザイン　野村 道子(bee's knees-design)
撮影　藤本 陽子(yoko fujimoto photo studio)
イラスト　塚田 雄太

発行者　大石 剛
発行所　静岡新聞社
〒422-8033　静岡市駿河区登呂3-1-1
電話054-284-1666

印刷・製本　シナノパブリッシング プレス

ISBN978-4-7838-0780-3 C0077